50道现代轻食中式菜谱

作者:凯莉·约翰逊

Table of Contents

- 姜葱蒸鸡
- 蒜蓉炒豌豆尖
- 香菇炖豆腐
- 豉油蒸鱼
- 蚝油炒小白菜
- 凉拌辣油黄瓜
- 腰果炒虾仁
- 鸡肉蔬菜生菜包
- 菠菜炒蛋
- 鱼香茄子
- 豉汁蒸猪肉丸
- 西兰花炒牛肉
- 海带豆腐清汤
- 五香脆皮鸡
- 干煸四季豆
- 鸡茸玉米羹
- 虾仁炒豌豆尖

- 蟹肉蒸蛋
- 干辣椒炒包菜
- 酸辣汤
- 粤式蒸扇贝
- 蒜蓉蒸蛤蜊
- 青椒炒牛肉
- 麻酱凉面
- 宫保鸡丁
- 炒莲藕片
- 姜丝炒小白菜
- 虾仁豆腐煲
- 蛋花汤
- 蒜蓉油麦菜
- 素菜蒸饺
- 姜葱炒鸭肉
- 炒白菜胡萝卜
- 豆腐皮炖蘑菇
- 粤式蒸鱼丸
- 腰果炒鸡丁

- 轻盈版糖醋里脊
- 蒜蓉炒空心菜
- 凉拌麻酱面
- 蜂蜜蒸南瓜
- 炒杂菇
- 西红柿炒鸡蛋
- 芦笋炒虾仁
- 人参清鸡汤
- 皮蛋蒸豆腐
- 葱花炒豆芽
- 蒜泥凉拌黄瓜
- 猪肉末炒四季豆
- 红烧竹笋
- 荷叶糯米饭

姜葱蒸鸡

材料：

- 鸡腿肉 500克，切块
- 姜片 5片
- 葱段 适量
- 盐 适量
- 料酒 1大勺
- 生抽 1大勺
- 香油 少许

做法：

1. 鸡肉用盐、料酒、生抽腌制15分钟。
2. 盘底铺上姜片和葱段，将鸡肉放入盘中。
3. 蒸锅水开后，放入鸡肉蒸15-20分钟，至熟透。
4. 出锅前淋上少许香油即可。

蒜蓉炒豌豆尖

材料：

- 豌豆尖 300 克
- 蒜末 2 大勺
- 盐 适量
- 植物油 2 大勺

做法：

1. 锅热倒油，爆香蒜末。
2. 加入豌豆尖大火快炒，炒至断生。
3. 加盐调味，翻炒均匀即可出锅。

香菇炖豆腐

材料：

- 新鲜香菇 200克，切片
- 嫩豆腐 300克，切块
- 姜片 3片
- 盐 适量
- 鸡汤或清水 500毫升
- 葱花 少许

做法：

1. 锅中加鸡汤和姜片煮开。
2. 放入香菇和豆腐，小火炖10分钟。
3. 加盐调味，撒上葱花即可。

豉油蒸鱼

材料：

- 鲈鱼 1条（约500克）
- 姜丝 适量
- 葱丝 适量
- 生抽 2大勺
- 植物油 适量

做法：

1. 鱼洗净后，放入铺有姜丝和葱丝的盘中。
2. 水开后，蒸12-15分钟至熟。
3. 蒸好后淋上热油，倒入生抽即可。

蚝油炒小白菜

材料：

- 小白菜 300 克
- 蒜末 1 大勺
- 蚝油 2 大勺
- 植物油 2 大勺

做法：

1. 锅中热油，爆香蒜末。
2. 加入小白菜翻炒至断生。
3. 加入蚝油，炒匀后出锅。

凉拌辣油黄瓜

材料:

- 黄瓜 2根,切片
- 蒜末 1大勺
- 辣椒油 2大勺
- 醋 1大勺
- 糖 1茶匙
- 盐 适量

做法:

1. 黄瓜片撒盐腌10分钟,挤出多余水分。
2. 将蒜末、辣椒油、醋、糖混合成调味汁。
3. 将调味汁倒入黄瓜片拌匀,冷藏30分钟更入味。

腰果炒虾仁

材料：

- 虾仁 300 克
- 腰果 100 克
- 青椒 1 个，切块
- 蒜末 1 大勺
- 盐和胡椒粉 适量
- 植物油 2 大勺

做法：

1. 锅热倒油，爆香蒜末。
2. 加入虾仁炒至变色。
3. 加入青椒和腰果翻炒均匀。
4. 加盐和胡椒粉调味，炒熟即可。

鸡肉蔬菜生菜包

材料：

- 鸡胸肉 300 克，切丁
- 胡萝卜丁 1 根
- 玉米粒 50 克
- 青豆 50 克
- 生菜叶若干
- 盐、胡椒、生抽适量

做法：

1. 鸡肉炒熟，加入胡萝卜丁、玉米粒和青豆炒匀。
2. 调入盐、胡椒和生抽调味。
3. 用生菜叶包裹鸡肉蔬菜馅食用。

菠菜炒蛋

材料：

- 菠菜 300 克
- 鸡蛋 3 个
- 盐 适量
- 植物油 2 大勺

做法：

1. 菠菜洗净，焯水沥干。
2. 鸡蛋打散，炒至半熟盛出。
3. 热锅加油炒菠菜，加入盐调味。
4. 加入鸡蛋翻炒均匀，出锅即可。

鱼香茄子

材料：

- 茄子 400 克，切条
- 猪肉末 100 克
- 蒜末 1 大勺
- 姜末 1 大勺
- 豆瓣酱 2 大勺
- 生抽 1 大勺
- 糖 1 茶匙
- 醋 1 大勺
- 葱花适量
- 植物油适量

做法：

1. 茄子条炸至软熟，捞出沥油备用。
2. 热锅加油，爆香蒜末姜末，加入猪肉末炒散。
3. 加入豆瓣酱炒香，倒入生抽、糖、醋调味。
4. 加入茄子翻炒均匀，收汁后撒葱花即可。

豉汁蒸猪肉丸

材料：

- 猪肉末 400克
- 豆豉 2大勺，剁碎
- 葱姜末各1大勺
- 生抽 1大勺
- 料酒 1大勺
- 糖 1茶匙
- 盐适量
- 玉米淀粉 1大勺

做法：

1. 猪肉末加豆豉、葱姜、生抽、料酒、糖、盐和淀粉拌匀。
2. 揉成小丸子，放入蒸锅大火蒸15分钟。
3. 蒸好后撒葱花或淋少许蒸鱼豉油。

西兰花炒牛肉

材料：

- 牛肉片 300 克
- 西兰花 300 克，切小朵
- 蒜末 1 大勺
- 生抽 1 大勺
- 蚝油 1 大勺
- 玉米淀粉 1 茶匙
- 盐适量
- 植物油适量

做法：

1. 牛肉片用生抽和淀粉腌制 10 分钟。
2. 西兰花焯水备用。
3. 热锅加油爆香蒜末，加入牛肉快炒变色。
4. 加入西兰花、蚝油和盐炒匀即可。

海带豆腐清汤

材料：

- 干海带 50克，泡发切条
- 嫩豆腐 200克，切块
- 姜片 3片
- 盐适量
- 清水 1000毫升
- 葱花适量

做法：

1. 锅中加水煮沸，放入姜片和海带煮10分钟。
2. 加入豆腐煮5分钟，加盐调味。
3. 撒葱花即可。

五香脆皮鸡

材料:

- 整鸡 1只（约1.5公斤）
- 五香粉 2大勺
- 盐适量
- 白胡椒粉 1茶匙
- 植物油适量

做法:

1. 鸡洗净擦干，内外抹盐和五香粉。
2. 腌制1小时以上。
3. 烤箱预热至200°C，将鸡皮擦干，刷油。
4. 烤约40-50分钟，至皮脆肉熟。

干煸四季豆

材料：

- 四季豆 400 克，摘去两头
- 干辣椒 5 个，切段
- 蒜末 1 大勺
- 生姜末 1 小勺
- 盐适量
- 植物油适量

做法：

1. 四季豆焯水，沥干。
2. 热锅加油，放入四季豆小火煸炒至皱皮。
3. 加入蒜末、姜末和干辣椒翻炒均匀。
4. 加盐调味，炒匀出锅。

鸡茸玉米羹

材料：

- 鸡胸肉 150 克，剁成茸
- 玉米粒 200 克
- 鸡汤 800 毫升
- 盐适量
- 蛋清 1 个
- 玉米淀粉 1 大勺（用少量水调开）

做法：

1. 鸡汤煮沸，加入鸡茸和玉米粒煮熟。
2. 加盐调味，慢慢倒入淀粉水勾芡。
3. 倒入蛋清，用筷子快速搅散成蛋花，煮开即可。

虾仁炒豌豆尖

材料：

- 虾仁 200 克
- 豌豆尖 300 克
- 蒜末 1 大勺
- 盐适量
- 植物油适量

做法：

1. 热锅加油爆香蒜末。
2. 加入虾仁炒至变色。
3. 加入豌豆尖快炒，加入盐调味即可。

蟹肉蒸蛋

材料：

- 鸡蛋 3 个
- 蟹肉 100 克（熟蟹肉或蟹棒切碎）
- 清水 300 毫升
- 盐 适量
- 葱花少许

做法：

1. 鸡蛋打散，加入盐和清水搅匀。
2. 过滤蛋液，倒入蒸碗中，放上蟹肉。
3. 蒸锅水开后，中火蒸约 12-15 分钟至蛋液凝固。
4. 出锅撒葱花即可。

干辣椒炒包菜

材料：

- 包菜（圆白菜）300克，切块
- 干辣椒 5-8个，切段
- 蒜末 1大勺
- 盐适量
- 植物油适量

做法：

1. 锅热倒油，爆香蒜末和干辣椒。
2. 加入包菜翻炒至软，加入盐调味。
3. 炒匀即可出锅。

酸辣汤

材料：

- 木耳 30克，泡发切丝
- 豆腐 100克，切条
- 瘦肉丝 100克
- 香菇 3朵，切丝
- 醋 2大勺
- 辣椒油 1大勺
- 生姜末、蒜末各1小勺
- 鸡汤 1升
- 鸡蛋 1个
- 盐、胡椒适量
- 玉米淀粉 1大勺（水调开）

做法：

1. 鸡汤煮沸，加入瘦肉丝、香菇、木耳煮熟。
2. 加入豆腐，倒入醋和辣椒油调味。
3. 慢慢倒入淀粉水勾芡。
4. 鸡蛋打散缓缓倒入汤中，形成蛋花。
5. 加盐和胡椒调味，煮开即可。

粤式蒸扇贝

材料：

- 扇贝 6只，带壳
- 蒜蓉 2大勺
- 葱花 适量
- 生抽 1大勺
- 植物油 适量

做法：

1. 扇贝洗净摆盘，放上蒜蓉。
2. 水开后，大火蒸5-7分钟。
3. 出锅前淋上热油和生抽，撒葱花即可。

蒜蓉蒸蛤蜊

材料：

- 蛤蜊 500克，洗净吐沙
- 蒜蓉 3大勺
- 葱花少许
- 盐适量
- 植物油适量

做法：

1. 蛤蜊摆盘，撒上蒜蓉。
2. 水开后，大火蒸5-8分钟至蛤蜊开口。
3. 出锅淋热油，撒葱花即可。

青椒炒牛肉

材料：

- 牛肉片 300 克
- 青椒 2 个，切条
- 蒜末 1 大勺
- 生抽 1 大勺
- 盐适量
- 玉米淀粉 1 茶匙
- 植物油适量

做法：

1. 牛肉片用生抽和淀粉腌 10 分钟。
2. 热锅加油爆香蒜末，加入牛肉快炒变色。
3. 加入青椒炒熟，加盐调味即可。

麻酱凉面

材料：

- 面条 200 克，煮熟过冷水
- 芝麻酱 3 大勺
- 酱油 1 大勺
- 醋 1 大勺
- 糖 1 茶匙
- 蒜泥 1 小勺
- 辣椒油适量
- 黄瓜丝适量

做法：

1. 将芝麻酱、酱油、醋、糖、蒜泥调成汁。
2. 面条拌入调料，加入黄瓜丝和辣椒油拌匀即可。

宫保鸡丁

材料：

- 鸡胸肉 300 克，切丁
- 花生米 50 克，炒熟
- 干辣椒 8-10 个
- 蒜末、姜末各 1 大勺
- 葱段适量
- 生抽 1 大勺
- 老抽 1 茶匙
- 白糖 1 大勺
- 醋 1 大勺
- 料酒 1 大勺
- 玉米淀粉 1 大勺
- 植物油适量

做法：

1. 鸡丁用生抽、料酒、淀粉腌 10 分钟。
2. 热锅倒油，炸花生米后捞出。
3. 爆香蒜姜和干辣椒，炒鸡丁至变色。
4. 加入调味汁（生抽、老抽、糖、醋、淀粉水）炒匀。

5. 最后加入花生米和葱段,翻炒均匀即可。

炒莲藕片

材料：

- 莲藕 300克，去皮切薄片
- 蒜末 1大勺
- 生姜丝 少许
- 盐适量
- 植物油适量

做法：

1. 莲藕片用清水冲洗，沥干备用。
2. 热锅加油，爆香蒜末和姜丝。
3. 加入莲藕片快速翻炒，加入盐调味。
4. 炒至莲藕片微微透明，口感脆爽即可出锅。

姜丝炒小白菜

材料：

- 小白菜 300 克，洗净切段
- 姜丝 1 大勺
- 盐适量
- 植物油适量

做法：

1. 热锅倒油，爆香姜丝。
2. 加入小白菜快速翻炒，加入盐调味。
3. 炒至小白菜软嫩即可。

虾仁豆腐煲

材料：

- 嫩豆腐 300克，切块
- 虾仁 150克
- 姜片 3片
- 葱段适量
- 盐适量
- 鸡精（可选）适量
- 植物油适量

做法：

1. 锅中加油，爆香姜片和葱段。
2. 放入虾仁炒至变色。
3. 加入豆腐块，小火慢煮5分钟，加盐和鸡精调味。
4. 出锅前撒葱花即可。

蛋花汤

材料：

- 鸡蛋2个
- 鸡汤或清水600毫升
- 盐适量
- 葱花适量
- 白胡椒粉少许

做法：

1. 锅中煮沸鸡汤。
2. 鸡蛋打散，缓缓倒入汤中，用筷子搅成蛋花。
3. 加盐和白胡椒粉调味，撒葱花即可。

蒜蓉油麦菜

材料：

- 油麦菜 300克，洗净
- 蒜蓉 2大勺
- 盐适量
- 植物油适量

做法：

1. 热锅加油，爆香蒜蓉。
2. 加入油麦菜快速翻炒，加入盐调味。
3. 炒至油麦菜断生即可。

素菜蒸饺

材料：

- 饺子皮 适量
- 素菜馅（白菜、香菇、胡萝卜剁碎混合）300克
- 姜末 1小勺
- 盐适量
- 生抽 1大勺
- 香油 1小勺

做法：

1. 将素菜馅调味拌匀。
2. 包入饺子皮，捏紧封口。
3. 蒸锅水开后，中火蒸10-12分钟即可。

姜葱炒鸭肉

材料：

- 鸭肉片 300克
- 姜丝 1大勺
- 葱段适量
- 生抽 1大勺
- 料酒 1大勺
- 盐适量
- 植物油适量

做法：

1. 鸭肉用生抽和料酒腌制10分钟。
2. 热锅加油，爆香姜丝和葱段。
3. 加入鸭肉大火快炒至熟，加盐调味即可。

炒白菜胡萝卜

材料：

- 白菜 300 克，切片
- 胡萝卜 100 克，切片
- 蒜末 1 大勺
- 盐适量
- 植物油适量

做法：

1. 热锅加油爆香蒜末。
2. 先下胡萝卜炒软，再加入白菜翻炒。
3. 加盐调味，炒至白菜软嫩即可。

豆腐皮炖蘑菇

材料：

- 豆腐皮 150克，切条
- 蘑菇 200克，切片（香菇、平菇等均可）
- 姜片 3片
- 葱段适量
- 盐适量
- 生抽 1大勺
- 植物油适量
- 水或高汤 适量

做法：

1. 锅中加油，爆香姜片和葱段。
2. 加入蘑菇炒软，倒入豆腐皮略炒。
3. 加入水或高汤没过材料，煮开后转小火炖10分钟。
4. 加盐和生抽调味，炖至汤汁浓郁即可。

粤式蒸鱼丸

材料：

- 鱼肉糜 300 克
- 蛋清 1 个
- 生姜末 1 小勺
- 盐适量
- 料酒 1 大勺
- 葱花适量
- 生粉（淀粉）1 大勺

做法：

1. 将鱼肉糜、蛋清、姜末、盐、料酒和生粉搅拌均匀至上劲。
2. 用湿手取适量鱼肉糜搓成丸子。
3. 将鱼丸放入蒸盘，蒸锅水开后大火蒸8-10分钟。
4. 出锅撒葱花即可。

腰果炒鸡丁

材料：

- 鸡胸肉 300 克，切丁
- 腰果 50 克
- 青椒 1 个，切丁
- 红椒 1 个，切丁
- 蒜末 1 大勺
- 生抽 1 大勺
- 料酒 1 大勺
- 盐适量
- 植物油适量

做法：

1. 鸡丁用生抽和料酒腌10分钟。
2. 热锅加油，炒熟鸡丁盛出。
3. 再加油爆香蒜末，加入青红椒丁炒软。
4. 加入鸡丁和腰果炒匀，加盐调味即可。

轻盈版糖醋里脊

材料：

- 猪里脊肉 300 克，切条
- 鸡蛋 1 个
- 玉米淀粉 适量
- 番茄酱 3 大勺
- 白醋 2 大勺
- 白糖 2 大勺
- 盐少许
- 植物油适量

做法：

1. 猪里脊条裹上薄薄玉米淀粉。
2. 热锅加油，煎至两面金黄取出。
3. 锅中留少许油，加入番茄酱、白醋、白糖和盐调成糖醋汁。
4. 倒入里脊条快速翻炒裹匀即可。

蒜蓉炒空心菜

材料：

- 空心菜 300克，洗净切段
- 蒜蓉 2大勺
- 盐适量
- 植物油适量

做法：

1. 热锅加油，爆香蒜蓉。
2. 加入空心菜快速翻炒，加入盐调味。
3. 炒至空心菜断生即可。

凉拌麻酱面

材料：

- 面条 200 克，煮熟过冷水
- 芝麻酱 3 大勺
- 酱油 1 大勺
- 醋 1 大勺
- 糖 1 茶匙
- 蒜泥 1 小勺
- 辣椒油适量
- 黄瓜丝适量

做法：

1. 混合芝麻酱、酱油、醋、糖和蒜泥调成酱汁。
2. 面条拌入酱汁，加入黄瓜丝和辣椒油拌匀即可。

蜂蜜蒸南瓜

材料：

- 南瓜 300克，去皮切块
- 蜂蜜 2大勺

做法：

1. 南瓜块摆入蒸盘。
2. 水开后蒸约15分钟至软熟。
3. 出锅淋上蜂蜜即可。

炒杂菇

材料：

- 各种蘑菇（香菇、平菇、金针菇等）300克，切块
- 蒜末1大勺
- 生抽1大勺
- 盐适量
- 植物油适量

做法：

1. 热锅加油，爆香蒜末。
2. 加入蘑菇炒软，加入生抽和盐调味。
3. 炒匀即可。

西红柿炒鸡蛋

材料：

- 西红柿 2 个，切块
- 鸡蛋 3 个
- 盐适量
- 糖少许
- 葱花适量
- 植物油适量

做法：

1. 鸡蛋打散炒熟盛出。
2. 锅中加油，炒软西红柿，加盐和糖调味。
3. 倒入鸡蛋翻炒均匀，撒葱花即可。

芦笋炒虾仁

材料:

- 芦笋 200克,切段
- 虾仁 150克,去壳去肠线
- 蒜末 1大勺
- 盐适量
- 料酒 1小勺
- 植物油适量

做法:

1. 虾仁用盐和料酒腌制10分钟。
2. 热锅加油,爆香蒜末,加入虾仁炒至变色。
3. 加入芦笋段翻炒,调入盐,炒至芦笋熟脆即可。

人参清鸡汤

材料：

- 土鸡半只，切块
- 人参 10 克
- 姜片 3 片
- 枸杞 少许
- 盐 适量
- 清水 适量

做法：

1. 鸡块焯水后洗净备用。
2. 锅中加入鸡块、人参、姜片和清水，大火煮开后转小火炖1小时。
3. 加盐调味，加入枸杞再炖5分钟即可。

皮蛋蒸豆腐

材料：

- 嫩豆腐 300 克，切块
- 皮蛋 2 个，切块
- 葱花适量
- 生抽适量
- 香油少许

做法：

1. 豆腐放入盘中，摆上皮蛋块。
2. 蒸锅水开后蒸 8 分钟。
3. 出锅后淋上生抽和香油，撒葱花即可。

葱花炒豆芽

材料：

- 豆芽 300克，洗净
- 葱花适量
- 蒜末 1大勺
- 盐适量
- 植物油适量

做法：

1. 热锅加油，爆香蒜末和葱花。
2. 加入豆芽快速翻炒，加入盐调味。
3. 炒至豆芽断生即可。

蒜泥凉拌黄瓜

材料：

- 黄瓜 1 根，拍碎切段
- 蒜泥 2 大勺
- 酱油 1 大勺
- 醋 1 大勺
- 糖 1 茶匙
- 辣椒油适量（可选）

做法：

1. 将蒜泥、酱油、醋、糖和辣椒油调成汁。
2. 把黄瓜和调料拌匀即可。

猪肉末炒四季豆

材料：

- 猪肉末 200 克
- 四季豆 300 克，切段
- 蒜末 1 大勺
- 生抽 1 大勺
- 盐适量
- 植物油适量

做法：

1. 热锅加油，爆香蒜末。
2. 加入猪肉末炒散。
3. 放入四季豆翻炒，加生抽和盐调味。
4. 炒至四季豆熟软即可。

红烧竹笋

材料：

- 竹笋 300 克，切块
- 生姜片 3 片
- 生抽 2 大勺
- 老抽 1 大勺
- 糖 1 大勺
- 盐适量
- 水适量
- 植物油适量

做法：

1. 热锅加油，爆香姜片。
2. 加入竹笋翻炒。
3. 加入生抽、老抽、糖和适量水炖煮 20 分钟。
4. 加盐调味，收汁即可。

荷叶糯米饭

材料：

- 糯米 300克，提前泡水2小时
- 猪肉丁 150克
- 干香菇 5朵，泡发切丁
- 腊肠 1根，切片
- 生抽 2大勺
- 老抽 1大勺
- 盐适量
- 荷叶 1片（泡软）

做法：

1. 糯米沥干，与猪肉丁、香菇丁、腊肠和调料拌匀。
2. 将混合料包裹在荷叶中，包紧。
3. 蒸锅水开后大火蒸40分钟至熟。

www.ingramcontent.com/pod-product-compliance
Lightning Source LLC
LaVergne TN
LVHW081330060526
838201LV00055B/2551